Tejones

Julie Murray

Abdo
ANIMALES NOCTURNOS
Kids

abdopublishing.com

Published by Abdo Kids, a division of ABDO, PO Box 398166, Minneapolis, Minnesota 55439.
Copyright © 2019 by Abdo Consulting Group, Inc. International copyrights reserved in all countries.
No part of this book may be reproduced in any form without written permission from the publisher.

Printed in the United States of America, North Mankato, Minnesota.

052018

092018

Spanish Translators: Telma Frumholtz, Maria Puchol

Photo Credits: iStock, Minden Pictures, Shutterstock, ©User:Quintucket p.7 / CC-BY-SA 3.0

Production Contributors: Teddy Borth, Jennie Forsberg, Grace Hansen

Design Contributors: Christina Doffing, Candice Keimig, Dorothy Toth

Library of Congress Control Number: 2018931607

Publisher's Cataloging-in-Publication Data

Names: Murray, Julie, author.

Title: Tejones / by Julie Murray.

Other title: Badgers. Spanish

Description: Minneapolis, Minnesota : Abdo Kids, 2019. | Series: Animales nocturnos |
    Includes online resources and index.

Identifiers: ISBN 9781532180163 (lib.bdg.) | ISBN 9781532181023 (ebook)

Subjects: LCSH: Badgers--North America--Juvenile literature. | Nocturnal animals--Juvenile
    literature. | Spanish language materials--Juvenile literature.

Classification: DDC 599.767--dc23

Contenido

Tejones

Cuando el sol se pone

los tejones se despiertan.

¡Están listos para cazar!

Los tejones viven por todo
el mundo.

Muchos se encuentran en

las **praderas**.

Sus madrigueras están bajo tierra. Se llaman **tejoneras**.

Tienen la nariz larga.

Tienen las patas cortas.

Tienen rayas negras y blancas
en la cabeza y en la cara.

Tienen garras afiladas.

Les sirven para excavar

en busca de comida.

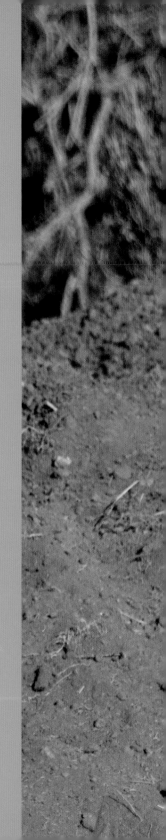

Les gusta comer gusanos.
También comen algunos
animales pequeños.

Pueden vivir alrededor de

10 años.

Características de los tejones

cara blanca y negra

garras afiladas

nariz larga

patas cortas

Glosario

pradera
área abierta cubierta de pasto con muy pocos árboles.

tejonera
guarida o cueva donde vive un tejón.

Índice

Abdo Kids
ONLINE
FREE! ONLINE MULTIMEDIA RESOURCES

¡Visita nuestra página abdokids.com y usa este código para tener acceso a juegos, manualidades, videos y mucho más!

Código Abdo Kids:
NBK4053